Délit de suite...

James COTANTIN

Délit de suite...

Du pareil au même et du semblable à l'identique.

© 2024 James COTANTIN

Édition : BoD · Books on Demand GmbH, In de Tarpen 42, 22848 Norderstedt (Allemagne)
Impression : Libri Plureos GmbH, Friedensallee 273, 22763 Hamburg (Allemagne)

ISBN : 978-2-3225-5495-9
Dépôt légal : Novembre 2024

*C'est drôle qu'en peinture
on mette toujours l'apprêt avant !*

AVANT...
...LA SUITE.

La juge

Accusé Cotantin levez-vous !

L'accusé

Appelez-moi James, Madame la Présidente... Mais vous au fait, quel est donc votre petit nom ?

La juge

Il suffit ! Accusé veuillez décliner vos nom, prénom, âge et profession.

L'accusé

Cotantin, James, T'sept ans.

La juge

Pardon ?

L'accusé

T'sept ans !

La juge

Soit ! Poursuivez !

L'accusé

Écrivaillon

La juge

Vous voulez dire écrivain ?

L'accusé

Non, non, je suis bien trop modeste. Je confirme écrivaillon.

La juge

Soit ! Greffier consignez : *écrivaillon*.

Le greffier

Miaouuuu ! Meouaaou miou ! [1]

La juge

Cotantin le tribunal vous accuse d'outrepassement de vos capacités intellectuelles et littéraires. Vous avez été précédemment impliqué dans la commission d'un recueil de textes. [2]

Tous les spécialistes de la place, critiques littéraires, scoliastes et commentateurs de tout poil du monde de l'édition, en ont dénoncé le manque total d'intérêt et la suprême médiocrité.

(1) À vos ordres ! Madame la Présidente !

(2) Rien qu'une esquisse... (chez le même éditeur).

Et voilà que non content de cet affront fait à la langue française, vous osez récidiver !

Accusé, vous êtes donc poursuivi du chef de : Délit de suite… En conséquence, vous vous trouvez passible d'une peine de bannissement de tout lieu de culture, quelle qu'en soit la vocation, pour une durée pouvant atteindre dix ans. Ainsi que d'une peine d'amende d'un montant de quatre-vingt-dix-huit centimes d'euros par lettre, chiffre ou tout autre caractère typographique que vous oseriez employer pour écrire des mots en français. Pour exemple votre simple autographe pourrait vous coûter douze euros soixante-quatorze !

L'accusé

Comme la vie est belle au pays de Kafka

La juge

Accusé, taisez-vous ! Vous ne parlerez que lorsque je vous y autoriserai !

À ce propos, vous n'avez pas souhaité l'assistance d'un avocat. Vous avez donc la parole pour faire valoir votre défense.

Greffier veuillez consigner !

Le greffier

Miaouuuu !

L'accusé

Que Madame la Présidente,

Ne se mette pas en colère,

Mais plutôt qu'elle considère

Qu'elle ne trouvera au fond de mon ouvrage,

Aucune fourberie à vouloir faire outrage,

À la belle langue de Baptiste Molière,

Non plus pour autant m'en faire thuriféraire

Lorsque je compose, c'est avec égoïsme,

Un peu comme m'offrant un suave onanisme.

Je nourris le fantasme et lutine la muse

Mais pour tous ces forfaits, je ne demande excuse.

Jamais je ne serai, par Busnel, convié,

Ni par Trapenard, à l'un de leurs shows télé.

Si bien sûr, à Prévert je voudrais ressembler,

À Ronsard, à Rimbaud et même à Montcorbier,

La dure vérité me remet à ma place,

Tempère mes envies et freine mes audaces.

Moi, je ne brigue pas le Nobel, le Goncourt…

Être élu est bien rare et bien long le parcours.

Malgré les détracteurs et leurs éreintements

Je poursuis mon ouvrage avec entêtement.

Moi, je joue petit jeu et je veux m'y tenir

Mes bouquins n'aspirent qu'à prêter à sourire !

J'attise au soufflet, le feu de l'illusion

Pour mieux fondre les mots, comme fer en fusion

Je ne suis qu'artisan, forgeron de la rime,

Dévoilant à chacun mes espaces intimes.

Tirant à la ligne, plumitif du dimanche

Je suis un besogneux, chasseur de pages blanches,

Avec pour fol espoir de parfois faire rire,

Parfois vous émouvoir ou parfois réfléchir.

Et lorsqu'un lecteur veut bien me dire bravo,

Je me sens satisfait, j'ai fait du bon boulot !

Voilà que des bravos, il m'en est revenu

Alors je me suis dit : « Petit gars ! Continue ! »

Et si c'est de cela que je suis accusé,

Madame, je ne vois, rien d'autre à ajouter.

Allons donc, Madame, jugez-moi maintenant.

J'accepte, quels qu'ils soient, sentence et châtiment.

La juge

Greffier soyez prêt à consigner. Je vais rendre ma décision.

Le greffier

Miaouuuu !

La juge

Attendu Monsieur Cotantin que vous avez su me convaincre. Attendu que, de fait, toute les accusations pesant sur vous sont levées. Attendu que vous m'avez donné l'envie de me jeter avec gourmandise sur vos écrits.

Le tribunal en sa sagesse et sa délibération, vous relaxe de toutes les poursuites.

Le tribunal, vous déclare libre d'écrire à votre guise tant que votre complice, Madame Inspiration, vous restera fidèle et stimulante.

Greffier, veuillez cesser de consigner !

Le greffier

Miaouuuu ! Meouaaou miou !

La juge :

(D'une voix sensuelle)

Permettez-moi, cher Monsieur, de vous appeler James…

Ah ! Au fait, vous vouliez connaître mon prénom, n'est-ce pas ? Eh bien mes parents m'ont appelée Euterpe…

Cher James, auriez-vous peut être quelques inédits que nous pourrions savourer tous les deux en privé

L'acquitté :

(Avec un sourire enjôleur)

Des milliers de pages chère Euterpe. Nous avons l'avenir devant nous… Et si vous le souhaitez nous pourrions écrivaillonner à deux mains…

La juge :

(D'une voix sensuelle)

..Dès demain ?

L'acquitté :

(L'œil séducteur)

Soit ! À demain…

Monte-à-Regret

En souvenir je bois un verre.
Il m'est pourtant bien malaisé,
En cette date anniversaire,
D'avoir pour toi une pensée.

Toi qui volas mon être cher,
Toi qui trahis mon amitié,
Toi mon copain, mon quasi-frère,
Voilà deux ans que je t'ai tué.

Tout ça pour une douce fille
Qui dans ma vie un jour entra.
Elle était framboise et myrtille,
Petit carré de chocolat…

J'étais le plus heureux des hommes,

Me partageant entre elle et toi,

Et rédigeant les mille tomes,

De ce roman parlant de moi.

Je n'ai senti venir l'orage

Jusqu'à ce jour où, enlacés,

Je vous ai vus sur cette plage,

Fougueusement vous embrasser.

Je n'ai pas su, tel le poète,

Passer mon tour, m'en aller loin,

Car ce n'était pas la Fanette,

Ni Monsieur Brel n'est mon cousin.

Le jour d'après, sur la falaise,
Tu as voulu tout m'expliquer,
Mais j'eus à cœur que tu te taises,
Et furieux, je t'ai poussé.

C'est vers la mer et son écume,
Qu'une seconde tu pus voler,
Bel albatros aux blanches plumes...
Ange déchu, sur les rochers !

Je l'ai appris un peu plus tard,
C'était un baiser de rupture,
Un point final à son écart,
Un épilogue à l'aventure.

Elle a écrit dans une lettre

Que seul pour moi battait son cœur

Mais qu'elle devait disparaître

Pour expier notre malheur.

Nous étions trois ; me voilà seul,

Plus pour longtemps, je vous rejoins.

C'en est fini. Adieu ma gueule !

Je vais mourir de tôt matin.

À *La Santé* je prends un verre,

Ce coup de rhum est le dernier.

La veuve attend juste derrière,

J'en vois briller le couperet.

Matin câlin

Un virginal soleil
Crève les jalousies,
Zébrant, telle une abeille,
Le ciel de notre lit.

Les yeux sur le plafond
Je rêve encore un peu,
Mon Dieu, que c'est bon
De dormir tous les deux.

Je n'ose pas bouger,
Quand tout près tu ronronnes,
Craignant de t'éveiller
Ma petite lionne.

Hier au soir nous étions

Toi pour moi étrangers.

Dans ce bar de Lyon

Où je t'ai rencontrée.

Cinq, six mots, rien du tout…

Deux téquilas frappées…

Et tes longs cheveux roux

Embrasent l'oreiller.

Tes courbes alanguies

M'ont offert un voyage

Mêlé du paradis

Et de l'enfer sauvage.

Puis ton œil s'entrouvre,

Tes lèvres me sourient,

Et soudain je découvre

Sur tes dents… des caries,

Ton oreille en chou-fleur,

Ta balafre au menton,

Et ton nez, quelle horreur !

On dirait un melon.

Quand ta voix de rogomme

Me dit bonne journée …

Faudrait être surhomme

Pour se l'imaginer !

On m'a dit que l'amour

Est aveugle souvent,

Hélas Braille ce jour

Joue l'abonné absent.

Jamais plus je n'irai

C'est juré, prendre un verre,

Dans ce bar mal famé…

Mais surtout sans lumière.

Vestige osculaire

Sur le sable tiède aux histoires fugitives,
Où le ciel et la mer magnifient leur union,
Par un soir d'été tu pris l'initiative
De ton premier baiser. Fantastique brouillon !

Tu as souvent depuis, mis au net la copie,
Empreintes éphémères aussitôt effacées.
Mais toujours restera, en ton cœur enfoui,
Ce premier étranger que tu as embrassé.

Palimpseste

Un doux éclat de bleu du ciel
Au-dessus de mon monde gris,
Et tu appelles le soleil
Pour réchauffer ma triste vie.

C'est merveilleux qu'une couleur,
Simple mélange de pigments,
Puisse étancher une douleur
Qui me poursuit depuis longtemps.

Un coup de brosse sur le châssis,
Une trace pour le futur,
Puis un portrait qui s'y inscrit
Comme un soupir, comme un murmure.

De touche en touche je te souris,

Moi, le modèle discipliné,

Tu veux me croquer pour ta vie.

Comment ne pas la partager ?

Je me songe quittant la toile,

Mes cinq doigts croisant les tiens,

Alors le ciel soudain s'étoile

Comme pour Vincent l'Arlésien.

Mais tout à coup tu es déçue,

Et tu effaces le tableau

Où mon visage se dilue

Sous les attaques du gesso.

À grand chiffon tu me caviardes.

À toile blanche te revoilà.

Je n'ai été que par mégarde,

Et c'est un autre qui t'aimera.

Quincaillerie

À Josiane

Papé est parti ce matin,
Ou bien hier, il ne sait plus.
Les souvenirs des temps gamins
Montent au cœur. Pâteuse glu !

Il voit surtout cet atelier,
Jardin secret de son ancêtre,
Capharnaüm organisé
Où, en vacances, il aimait être.

Tous ces outils éblouissants
Qu'il maniait avec génie,
Rabadeuse de Carentan,
Et trampaillou d'artisonie.

Sûr que jamais il n'oubliera

La traboulasse à carminette,

L'ovaliseuse d'angles droits,

Le rotatin à serpolette.

Et retrouvant sur l'établi

Un carguillon de mercaline,

Souvenance lui vient aussi

Du décranteur à bourgasine.

Voilà en gros son héritage

Sans oublier le bargailloir,

Une râpe d'harigonage,

Et un petit raton-lavoir…

Éveil

Lorsque le jour mange la nuit,
Lorsque me quitte le sommeil,
Je soulage mon appétit
D'une tartine de soleil.

Lorsque se tait l'oiseau de pluie,
Lorsque l'été chante à l'oreille,
Je me repais de tous les fruits
Qu'offrent les azurs de Marseille.

Lorsqu'agonisent les belles-de-nuit,
Lorsque frétillent les abeilles,
Le bon Mistral m'apporte aussi
Quelques mesures de *Mireille.*

Hall aux rimes 1

Une chansonnette pour enfant et la mère en chantera les chœurs désormais dépeints, comme une fée et rira ; retournant en périlleuse volutes illicites, laissera l'ennui emporter ta vie au lance-flammes en dehors des chansonniers.

Une chance honnête pour enfanter la mer, enchantera les cœurs des ormes et des pins, commune féérie, rare, tournante, impérieuse, vol utile ici te laissera râlant, nuisant, porter ta violence flamande hors des champs sauniers.

Sans qu'il y paresse

J'ai consulté l'autre matin
Le Diafoirus du quartier.
Et comme suite à l'examen,
Le pronostic fut réservé.

L'air pénétré, la ride au front,
D'une voix sombre il m'annonça,
Que tout cela n'était pas bon,
Et qu'il avait grand peur pour moi.

En général selon l'usage,
Quand on doit faire cette annonce,
À son client, on dit… courage !
Dans votre cas, moi, j'y renonce.

Car ce vocable vous échappe,

Courage, effort ou énergie,

Ne sont des mots qui vous attrapent,

Voilà votre pathologie.

Vous pâtissez je vous l'affirme,

D'un mal profond et sans espoir.

Vos analyses le confirment,

Vous êtes Prince des cossards.

Or la mollesse vous rongeant,

Comme jamais je ne l'ai vu,

Est incurable. Au demeurant

Même Esculape n'aurait su.

Nul n'est tenu à l'impossible,

Comprenez-moi, j'en suis navré,

Mais votre état est si terrible,

Que je ne peux m'y atteler.

Lors, j'ai quitté son cabinet,

Fort souriant, l'humeur exquise,

Heureux que l'on ne sût soigner,

Ma tant aimée fainéantise.

J'ai craint de voir la Faculté

Apte à me guérir de ma flemme

Et de devoir aller bosser,

Brutal effroi, horreur suprême.

Pour vivre heureux, vivons couchés,

Rien ne me semble plus normal,

D'ailleurs, jouant aux mots croisés,

Je ne fais pas le vertical.

Dès mon réveil, à mi-journée,

Je compte le temps qu'il me reste

À vivre ainsi sur mes deux pieds,

Avant le début de ma sieste.

Je te vénère ô Aergie,

Languide et sublime déesse,

Qui de ton esprit assoupi

Sans cesse veille à ma paresse.

INTERMÈDE

Apostrophe

Petit signe de rien du tout,
Dont la place peut tout changer,
À gauche, à droite, ou n'importe où,
Voilà le sens tout chamboulé.

Si par exemple, je vous dis
    Il est fidèle à cette femme
        C'est celle qu'il a vu vieillir.
Ou si plutôt, je vous écris
    Il est fidèle à cette femme
        C'est celle qui l'a vu vieillir.

Un mouvement de quelques crans,

De cet outil de l'élision,

Et c'est ainsi, que se comprend

Autrement la proposition.

Mais si cela vous apostrophe

Dites-vous qu'il y a bien pire,

Et que la grande catastrophe,

Est de devoir un jour vieillir.

**Marchand du temple avec
mes Saint-Suaire salutations**

Dans *La tribune de Turin,*
Journal catho bien assumé,
On a pu lire l'autre matin
Affaire à faire sans hésiter !

Divin linceul oriental,
Illustré de fines gravures,
D'origine prémédiévale.
Légères traces de brûlures.

Près de cinq mètres de longueur
D'une étoffe de lin jaunasse,
Tachés de sang et de sueur,
Et puis d'éponge à la vinasse.

Pourtant malgré ces salissures,

L'objet n'aurait que peu servi.

Selon les Saintes Écritures,

Il fut porté trois jours maxi.

On sait, bien sûr, que c'est un faux,

Un artefact anachronique,

Un simple drap de chez Plumeau.

C'est ainsi que son prix s'explique.

Ne ratez pas l'occasion

À vingt-cinq sous. Trente deniers.

Ce témoin de la passion…

Même bidon il est donné !

Blue note

La mer est comme un violon.
Lorsque le vent se fait archet,
Embruns en notes déguisés,
Nous dédicacent sa chanson.

Quand…

Quand le vent jette ses rafales

Sur le toit pelé du Ventoux,

Quand confettis de carnaval

La grêle court le guilledou.

Quand à grand coup la foudre arrive,

Que l'éclair câline la plage,

Quand se pose l'alternative

Fol ouragan ou amour sage ?

Quand tu te crées des souvenirs,

Ciel azuré, soleil brûlant…

Quand c'était… avant son partir,

Amours d'été et cœurs ballants.

Quand le grand vent a balayé
Ce qu'un instant tu voulus vous,
Quand le mistral l'a emportée
Aux derniers jours du mois d'août,

Quand tu es seul sous cet orage,
Au désespoir les yeux pleuvant,
Quand te lancine son visage
Comme arcs-en-ciel évanescents.

Quand la grand'pluie est asséchée,
Que doucement le ciel s'entrouvre,
Quand le tonnerre se fait muet
Ton avenir tu redécouvres.

Quand l'éclaircie s'enhorizonne

À deux trois pas de ta tristesse,

Quand dans ton cœur repapillonne

L'insecte fou de la jeunesse.

Quand le soleil du Mont Ventoux

Lèche les drailles, sèche tes yeux,

Quand te reviennent les temps doux,

Cours vers une autre… et sois heureux !

Hall aux rimes 2

À André F.

Le Café de Flore étant tant demain qu'hier. Sa proche est l'aval politique des pensées. Tout de gauche et moi cesserai Beauvoir ?

Le café de Floret est tentant . Deux mains qui errent s'approchent et l'avalent polies. Tiquent… dépenser tout de go chez moi ? Ce serait beau voir !

Analepse

Généraux étoilés comme belle nuit d'été,
Pleine lune épinglée à la gauche du poitrail,
Aboiements de chacals en ordres dégueulés,
Soudards domestiqués en indigne bétail.

Sombres cathédrales, fonds de nefs enfumés,
Cierges empestant tels cigares en tripot.
Et l'obscurantisme bien en chaire prêché,
Aux Fidèles soumis, doux moutons en troupeaux.

Charlemagne inutile, école vue de loin.
Labours et moissons au profit des saigneurs
Dos usé dès vingt ans, l'estomac claquant faim,
Rustres esclavagés, de berceau en fossoyeur.

Je parle d'une oubliée. Je parle de cette France,
Je parle de ce régime qui se vit renversé
En un jour où fleurit, la grande liberté
Et la fraternité pour suprême espérance.

Une lune blafarde. Manchettes constellées,
Missiles éclairant comme étoiles filantes,
La guerre à notre porte et des morts par milliers,
Les armes ont bien changé mais l'horreur est constante.

Et c'est au nom d'un dieu ou de ses avatars
Qu'on abrutit le peuple et détruit sa raison,
Se voulant archétype et les autre bâtards...
Des Saint-Barthélemy toujours en couvaison.

Milliardaires par dizaines, Honneur de notre race !

Mais des restos du cœur et des dormeurs de rue

Alors l'égalité, de nos frontons, s'efface.

Ignoble indifférence, infamie incongrue.

Je parle d'aujourd'hui. Je parle de notre monde.

À quoi sert le passé si l'on vit sans mémoire ?

Quand les plats se repassent aux banquets de l'Histoire

Les assiettes débordent de reliquats immondes.

Grandes amours

et petits commerces

Au comptoir, la pharmacienne
Avec tendresse nous sourit,
Et les clients souvent en peine
Sont, tout à coup, ragaillardis.

Discrètement on lui murmure
Que l'on voudrait se voir sauvé,
Du maudit mal qui nous torture
Par sa divine panacée.

C'est merveilleux il faut voir comme,
Tout en douceur, elle s'empresse
Entre aspirine et laudanum,
Bandes Velpeau ou bien compresses.

Et de tiroirs en étagères

Elle toupille élégamment,

Pour nous fournir en un éclair

Ses précieux médicaments.

Alors, je passe à l'officine,

Journellement et de bonne heure,

Car son sourire me fascine,

Il est ma dose de bonheur.

J'en oublie la posologie,

Quitte à frôler le surdosage,

Je m'en repais tout à l'envi,

Me modérer ne serait sage.

Je rêverais que ce sourire
Vive avec moi à tout jamais,
Car tous mes maux il sait guérir,
Mieux que potions ou comprimés.

J'aurais aimé pouvoir l'aimer,
Mais au toubib allait son cœur.
Je n'ai pas su rivaliser,
Moi souffreteux, lui prescripteur.

J'ai confondu conte de fée
Avec conte d'apothicaire.
Je m'en irai donc visiter
Demain matin… la boulangère.

Qu'elle est jolie la Pomponette,

J'aime la voir se promener

Entre les croissants, les baguettes,

J'en suis certain, elle va m'aimer !

Mais si le vent m'était contraire…

Dans mon village resteront,

La Fleuriste, puis la libraire,

Ou la marchande de bonbons.

Maux fléchés

Près d'une mer qui s'envermeille
Lorsque Phébus y vient mourir,
Séléné, sa sœur, se réveille,
Lune dorée au grand sourire.

Si vous approchez de la grève
Parmi les pins vous pourrez voir
Un arbuste, tremblant sans trêve
De sa ramure dans le noir.

Voilà Daphné qui vous salue
Dans la pinède, enracinée,
La belle nymphe est devenue
Un bien étrange et vert laurier.

C'est une histoire bien coton
Qu'ici je m'en vais vous tisser,
Celle de Phébus Apollon
Grouillant d'amour pour sa Daphné.

Tout commença quand Apollon
Un beau matin, cœur chicanier,
S'en prit au jeune Cupidon
En contestant ses qualités.

Alors, vexé, le chérubin
Banda son arc pour décocher,
Dans le fessier de l'importun,
Une fléchette ensorcelée.

Et cette flèche à pointe d'or
Fit qu'il devint amoureux fou,
À chaque soir, à chaque aurore,
De la nymphette aux cheveux roux.

Mais toujours plein de son dépit
Côté Daphné, l'archer fripon
Tourna son arme et l'atteignit
D'un méchant trait à bout de plomb.

Effets de cette infame pointe,
Lors, la douce divinité,
De l'amour et de ses étreintes,
Se vit à jamais dégoutée.

Ô impossible passion,

Lorsque Daphné fut rattrapée

Par l'insistance d'Apollon

Elle fit tout pour s'esbigner.

Elle implora Pénée, son père

Le fleuve dieu, de la sauver.

Il ne trouva rien d'autre à faire

Qu'en bout de bois la transmuter.

Je ne veux pas les dieux froisser,

De Némésis gardant l'effroi.

Mais leurs légendes me font marrer

J'imagine cela chez moi…

Je veux savoir Mademoiselle

Ou se situent vos préférences ?

Rester de bois, rester pucelle ?

Ou de l'amour saisir la chance ?

Rassurez-vous, si vos amants

Dont vous voulez vous éloigner

Parfois se montrent trop pressants,

Moi je suis prêt à vous aider…

Sans vous changer en arbrisseau

Mais dans mes bras vous consoler,

Sous Séléné brillant bien haut,

Sous Ouranos tout étoilé.

Demain, Phébus ressurgira.

Et la pinède illuminée,

Torsadera pour vous et moi

Quelques couronnes de laurier.

.

Comme…

Comme une porte qui se referme
Claquée au nez des souvenirs.
Comme un effluve de blasphème
Sous votre étole de cachemire.

Comme un ciel bleu qui vire au rose
Douces prémices de soir d'été.
Comme ce baiser que je dépose
Sur votre épaule satinée.

Comme votre robe qui s'enfuit
Par les sentiers de votre dos.
Comme vos dentelles qui me sourient,
Fragiles remparts à mes assauts.

Comme ce sourire qui vous sublime,
Ces fous instants de liberté.
Comme le partage d'un crime
En sensuelle complicité.

Comme ce drap qui vous recouvre
Masquant, pudique, votre plaisir.
Comme cette porte que l'on rouvre
Au grand soleil de nos désirs.

Comme un émoi adolescent
Je dois, Madame, vous l'avouer,
Comme je vous vis. En un instant
J'ai fait serment de vous aimer.

Divine arithmétique

Dieu est Tout !
Nous dit-on.
Un point c'est tout
Et allons donc !

Mais…
Si un et un
Ça fait bien deux.
Rien et rien,
Est-ce que c'est Dieu ?

On pourrait dire en conclusion :
Que de Dieu, il n'est…
        Point du tout !
C.Q.F.D.
        Et puis c'est tout !

Mandrakadabra

Un petit lapin et un grand chapeau,
Une cape noire dont le col brille,
Et puis surmontant de tristes tréteaux,
Un pauvre Mandrake de pacotille.

Le voir si chagrin, nous le rend touchant.
Flétri, solitaire, neurasthénique,
Lui, hier encore si resplendissant,
N'est plus désormais qu'un vieux pathétique.

Alors les cartes glissent de ses doigts,
Et aucun foulard n'est plus dénoué.
Il geint de la mort de sa Lolita,
Blanche tourterelle, au ciel envolée.

Comment vivre encore avec cette absence ?
Tendre Lolita, son si bel amour.
Tronçonnée en deux, à chaque séance,
Complice zélée de son si grand tour.

Lorsque l'autre soir, sa Lola lui dit,
C'en est bien fini, je reprends mon cœur.
Tu as mon bonjour, aussi mon merci,
Je vais retrouver le joli dompteur !

Il lui demanda une fois encore,
Dans le coffre en bois de bien s'allonger,
Et sûr de son art il coupa son corps
En trois beaux morceaux, nettement tranchés.

Je me présente. Je suis avocat.

Il m'a appelé pour son assistance,

Car il est des tours qui ratent parfois …

La magie est tout sauf une science.

Gueule de bois

Sommeil d'acier,
Soleil profond,
Gaie mélopée,
Triste pinson.

Collier de pluie,
Chute de perles,
Oiseau de nuit,
Moqueur le merle.

Vertes cerises,
À mon réveil.
Grise Venise,
Souris vermeille.

De votre amour

Veux me griser.

Et sans détour

Vous siroter.

Vous, l'eau de feu,

Et moi la glace.

Qui de nous deux

Finira schlass ?

Tout un long jour

À paresser...

Bien le bonjour

Apparaissez !

La Putain respect... able.

Toi la fille du trottoir, la fleur de goudron,
Arpentant le pavé sous le vieux réverbère,
Tu reçois sur ton cœur pour quelques picaillons,
Les paumés de l'amour épongeant leur misère.

Comme des maquignons jaugeant la marchandise,
Ils s'en viennent vers toi, en mâle dominant,
Mais soumis à ton art et à ton expertise,
Il en est, m'a-t-on dit... qui appellent Maman.

On raille, on te moque, surtout chez les gens bien,
Mais tu fais ton métier, comme on va à l'usine,
Légataire zélée de cet art si ancien,
Que jadis pratiqua Valérie Messaline.

Être femme de Rome et de son Empereur,

En rien, ne l'empêcha d'aller au lupanar,

Pour offrir ses charmes et calmer les ardeurs

D'aisés patriciens et de pauvres soudards.

Cousine de Néron, ou bien fille de peu,

Oubliez, pisse-froid, et censeurs, et rigides,

Qui se rêvent client de vos subtils jeux

En s'endormant le soir auprès d'une frigide.

INTERMÈDE
Point d'interrogation

Il est, pour écrire, un symbole étrange,
Arrondi, cintré, fine queue de chat...
En bout de phrase, c'est là qu'on le range,
Lorsque le scripteur demande pourquoi.

Un trait sinueux, en crosse d'évêque,
Un vermicelle qu'on aurait trop cuit,
Du moucharabieh la douce arabesque,
Un cœur dessiné, coupé à demi.

Le voilà toujours interrogatif,
Mais si l'on connait l'explication,
D'un point on peut répliquer. Un point vif !
Un point sec ! un point… d'exclamation !

Apocalypse

Odeur de croissants chauds

Et de l'aube montante.

Un fauteuil en terrasse,

Bras tendus, qui me tente.

Installant le marché,

Les clameurs des primeurs.

Des restes de sommeil,

Aux yeux des travailleurs.

Et s'il n'en reste qu'un…

…Je veux que ce soit moi !

Des vestiges d'enfance,

Des projets d'avenir,

Affiches de voyage

Invitant au plaisir.

Une cloche d'église

Marquant le temps passé,

Encre fraîche odorante

D'un journal engagé.

Et s'il n'en reste qu'un…

    …Je veux que ce soit moi !

Une robe légère

Soulevée par la brise,

Un genou gracieux,

Un parfum qui me grise,

Un sourire éphémère

Prestement oublié,

Des pigeons roucoulant

En quête d'amitié.

Et s'il n'en reste qu'un…

    …Je veux que ce soit moi

La vieille citadelle.

Le soleil de Provence

L'éclairant tendrement

J'y porte mon errance.

Liberté infinie,

Façades aveuglées,

Fontaines apaisantes,

Ruelles étriquées.

Et s'il n'en reste qu'un…

…Je veux que ce soit moi !

Un machin dans le ciel

Vers la terre plongeant.

Effroyable vacarme,

Soleil éblouissant.

Un grand champignon blanc,

Puis, l'immense silence.

Ça s'est passé hier,

Au beau pays de France.

Mais s'il n'en reste qu'un…

                …Ce ne sera pas moi !

Le Chopin de Montauban

À Tontaine et Tontons

Mes doigts torturent le clavier
D'ce vieux piano à punaises,
À l'heure du petit déjeuner
Pour bastringuer... une Polonaise.

J'ai le caberlot qui part aux fraises
Vers c'te taulière de Biên Hòa,
Qu'on app'lait, Lulu la Nantaise,
Blonde comac qu'on oublie pas !

C'était aut'chose qu'la Dudevant,
La tenancière des *volets rouges,*
J'en ai vu... des gugusses bavant,
Devant l'cheptel de son bouge...

Soirée sacrée

Je revois la boîte paumée
Portant le nom de *L'Étincelle,*
Et mon ami bien allumé
Aux J and B et Jack Daniel's.

Gigotant tel un chimpanzé,
V'la qu'il aborde une radasse,
Rimmel coulant, cheveux poissés,
Aussi usée que ses godasses.

Un fond de teint bien écaillé,
Pareil à un mur de prison,
Et puis l'haleine aussi chargée,
Qu'au *Quai des Belges*, le poisson.

Fin du morceau, il la ramène,

Sur la banquette et l'entretient

De Jésus-Christ et de la Cène.

Et pourquoi donc ? Nul n'en sut rien !

Lui qu'on savait aussi chrétien

Qu'un régiment de sans-culottes.

Catéchiste se fit soudain,

Pour sa Miss Monde au nez carotte.

Nous ses copains on lui a dit,

Sans vouloir lui faire de peine :

« Plutôt que la Vierge Marie

T'as levé la Magdaléenne. »

Mais rien n'y fit, il s'enferra

Dans sa mystique confusion.

Après Pilate, après Judas,

Voilà quatorze stations…

Lors, dans les yeux de la cagole,

Ce n'était plus l'étonnement,

Mais une inquiétude folle

Qu'on pouvait lire subitement.

Elle était là, chassant le mâle,

Pour bien finir sa soirée.

Et voilà que cet animal,

Voulait la voir se confesser.

De ses paupières emplâtrées

Par des kilos de mascara,

De grosses larmes on vit couler,

Marbrant sa joue d'encre sépia.

Décidant de mettre les bouts,

De rejoindre le dancefloor,

Elle lui posa sur la joue

Une mandale bien sonore.

Il réagit comme un fêlé,

Voulant rosser ce con d'évêque,

Qui venait de le confirmer

Par une baffe sur le bec.

Il a fini de bon matin,

La tête au fond du bénitier,

De l'église Saint Jean du coin,

Blasphème abject pour dessoûler.

Touché par la divine grâce,

Sur les chemins de repentance,

Il a voulu laisser sa trace,

Sombre ornière de l'existence.

C'est ainsi qu'il se fit curé

De la paroisse Saint-Nénesse.

Plus un seul verre il n'a liché

À l'exclusion du vin de messe.

Voilà qu'un jour en confession
Il retrouva la jouvencelle.
En échange de son pardon
Il l'invita... à *L'Étincelle* !

Sa conversion fut exemplaire,
Après grande contrition,
Plus cul-bénit qu'une rosière
Elle se jeta en religion.

Depuis ce temps ils sont heureux
Elle nonette à Sainte-Prune,
Et lui prieur du même lieu,
Où ils font chambrette commune.

Nul bigot n'ayant à redire,

Car là-bas, comme chacun sait,

Les vœux sont ardus à tenir,

Surtout celui de chasteté.

Il est plaisant de voir l'onction,

Transformer une mocheté

En un fruit de la passion,

Sitôt sa bure déboutonnée.

Fatalisme

Mourir, comme venir au monde,
En aucun cas on ne choisit.
Il passe à peine une seconde
Lorsque l'on nait, lorsqu'on finit.
Et si je dois lâcher la ronde,
Ce n'est pas mourir qui m'ennuie
Ni dormir en terre profonde,
Mais de devoir quitter la vie !

Paradoxes guère épais

Il est minuit sous le soleil,

Le sable bleu de la grand'dune,

La mer rouge près de Marseille…

Et je suis comme… comme la lune.

Tes cheveux blonds comme la houille,

Ta peau hâlée comme du lait,

À la fin du mois de gidouille,

Me laissent calme et chamboulé.

Toi sans moi, ensemble courons,

Sûrs de savoir notre ignorance,

Quand créateurs nous détruisons

Nos repoussantes attirances.

Je te hais d'un amour profond.

Tu m'aimes avec cruauté.

Je t'abhorre avec passion.

Tu es douceur et âpreté…

Mais la colère se dissipe

Comme un brouillard de Lyonnais,

Et l'on s'enfuit de ce bad trip.

Le cauchemar est terminé.

Le soleil luit d'un éclat vif.

Le sable est blanc sur la grand'plage.

La mer est bleue au Château d'If.

Je redescends des gris nuages.

Tu es plus belle que la vie,

Lorsque tu m'offres tes caresses,

Je suis paradoxe infini,

Fruste manant pour toi Princesse.

Paroles d'évangile...

...sur papier bible

Pour sustenter mon verbiage
J'aime à fouiller dans une bible ;
Y rechercher des personnages
Très captivants mais peu crédibles !

Ils sont de nous si dissemblables
Comment à eux s'identifier ?
Les arguties sont innombrables.
Avant tout... la longévité.

Comment croire à Mathusalem
Et ses mille ans moins quelques mois ?
Même si l'on dit que quand on aime,
La quantité ne compte pas.

Quant à parler des prolifiques,
Père de quatre-vingt-huit enfants,
Le Roboam, roi schismatique,
N'est pas de nous très ressemblant.

Quand Abraham le centenaire,
Fit un enfant avec Sara,
Une jeunette… nonagénaire.
Connaissaient-ils la GPA ?

Si l'on ajoute une nana,
Née d'une côte charcutière,
Nos féministes entendant ça
Devraient rugir comme panthères.

Et Esaü, ce grand benêt,

Pour des jarousses liquida

Tous ses pouvoirs de frère ainé.

Contre un MacDo… son livret A ?

Le vieux Satan se cuit le cule

Depuis au moins l'éternité.

Pour nous trois jours de canicule…

Et l'on a peur de gratiner !

La preuve est faite que j'ai raison

Car dans la bible on peut trouver

Des âneries à profusion

Lorsque l'on veut bien s'amuser.

Mais la décence hélas m'impose

Du pauvre Job ne pas parler

Du fait qu'un seul mot se propose

Afin de faire son nom rimer.

Ne jamais prophèter
plus haut que son but

Nul n'est prophète en son pays.
Aussi m'en vais-je à l'étranger
Pour y trouver bien plus qu'ici,
De braves gens à qui prêcher.

Je me ferai pisse-copie,
Pour leur conter un avenir
Tout de couleurs et d'organdi
Et voir leur cœur s'épanouir.

Je leurs dirai, la voix tranquille,
Que mes sermons sont à jeter.
Si vous guignez un évangile…
Ce n'est pas là qu'il faut chercher !

Car je ne suis qu'un baladin,

Un émigrant, un apatride,

Un rimailleur de grands chemins,

Jongleur du vers et de la rime.

Alors bien plus que les prophètes,

Les détenteurs de vérités,

Seront à jamais les poètes,

Et puissiez-vous les écouter.

Extérieur jour

Un matin renaissant
De rosée emperlé
Blanc soleil caressant
Les toits de mon quartier.

Petit piaf enjoué
Petit bec picorant
Quelque pain émié
Le bonheur d'un moment…

Petit chat ravissant
Par un arbre masqué
Et pile sur l'instant
Le moineau est bouffé !

Donnez-nous notre pain...

Un petit grain a fait l'histoire

Quand de l'épi il fut extrait,

Puis écrasé par le hasard

Sous une meule improvisée.

De la farine et un peu d'eau,

Un peu de feu, voilà c'est fait.

L'Homme s'en coupa un morceau,

Puis il nourrit l'Humanité.

À toutes sauces il fut mis

Par d'innombrables religions,

Aumône aux morts... Eucharistie...

Et même multiplication...

Il est celui que l'on réclame

Le poing levé le long des rues,

Car le peuple soudain s'enflamme

Quand la famine est revenue.

Il est hélas, sur la planète,

Bien trop de gens, de pain privés,

Quand tu achètes ta baguette

Garde pour eux quelque monnaie...

Un symbole des temps passés

Où les anciens se sont battus,

Afin de remplir leur gosier,

Ils en sont morts, ou ont vaincu.

Qu'il soit de seigle ou bien d'épeautre,

D'avoine, d'orge, ou bien de son,

Le pain n'est bon que s'il est nôtre,

Gagné à la sueur du front.

À toi petit, qui vis heureux,

En notre beau pays François,

J'intime un ordre affectueux

Qui je le crois te servira.

Défends les tiens et leur mémoire,

Défends leurs luttes, leurs succès.

Que tu le manges blanc ou noir,

Défends le pain qu'ils t'ont gagné.

Dans ses yeux

Il y a dans ses yeux

Lorsque le soir l'endort,

Des rideaux de jeunesse,

Des retours d'organdi,

Des zestes d'innocence

Et la grume équarrie.

Il y a dans ses yeux

À l'heure du réveil,

Des ruisseaux pleins de fleurs,

Des parfums de torrent,

Des galets en cascade

Emportés par le vent.

Je cueille dans ses yeux

Lorsqu'elle me sourit,

Des rêves d'Amérique,

Des soupçons de hasard,

Et des chants de lavande

Sur un air de guitare.

Sniper

Un arbre, un oiseau.
Une branche.
Sur la branche l'oiseau.
Aujourd'hui c'est dimanche…
Mais l'oiseau chante faux.

Un muret, un chat.
Une pierre.
Sur la pierre le chat.
Aujourd'hui c'est la guerre…
Alors miaule le chat.

Un jardin, un enfant.
Un tape-cul.
Sur le tape-cul l'enfant.
Aujourd'hui c'est foutu…
Alors pleure l'enfant.

Un fusil, un méchant.

Un toit.

Sur le toit le méchant.

Aujourd'hui ca nettoie…

Alors coule le sang.

Plus d'oiseau.

    Plus de chat.

        Plus d'enfant !

Jeunesse

Labourez le champ des possibles.
Creusez le sillon de la vie.
Et le geste auguste et paisible
Semez un boisseau de folie.

Alors pâturez les herbages,
Et de savanes en prairies,
Moissonnez l'épi de votre âge.
Vivez quatorze heures à midi.

Naupathie

De ressac d'embrouilles
En reflux de rancœur,
De flots de larmes
En vagues à l'âme,
D'écueils indistincts
En lancinants tangages,
D'horizons assagis
En orages renaissants,
Au large, je perds pied,
Les poings liés au près.

J'ai le cœur au bord de l'amer.

Nuit blanche et matin gris

Où la mer s'en va-t-elle
Lorsque tombe la nuit
Et quand, au noir du ciel,
Tendrement elle s'unit ?

Tu la vois dévoilant
Lentement ses appas,
Au sérail du Sultan,
De satins en surahs.

Elle pousse à rêver
L'odalisque captive,
De sel-de-liberté,
Et d'écume affective.

Elle nous prend par la main
Nous emmène à l'oubli
La mer c'est vers demain
Qu'un soir tu l'as suivie.

Curieux de savoir
Le chemin qu'elle prenait
Alors que peinte en noir
Elle disparaissait.

Tu voulais corriger
Tes sophismes d'amour
Et te faire rêver
À un nouveau toujours.

Ton radeau de fortune
Hélas ne fit pas face
Quand un rayon de lune
Éclaira la surface.

Et voyant ton espoir
S'enfermer en prison
Tu nageas tout un soir
Droit vers son horizon…

Pour enfin te noyer
Entre vagues et ennui
Te voilà envolé
Dans un ciel rembruni.

D'où la mer revient elle

Quand se lève le jour

Rapportant avec elle

Des larmes et un cœur lourd ?

INTERMÈDE

Points de suspension

Tous à la file, ils vont par trois,
Trois petits points pour ne pas dire,
Pour au lecteur laisser le choix…
De ce que l'on ne veut écrire.

Il se devra de les rêver,
Ces mots voués à l'ablation,
Ces mots restant à inventer,
Ces mots laissés… en suspension

Naissance d'une vocation

Par les Alpilles je passais
Près de Maussane et puis des Baux.
Sus au voleur, ai-je crié,
On m'a chipé mon beau chapeau !

J'ai couru fort pour l'attraper…
Ne courez pas, c'est sans espoir !
Me dit la voix d'un vieux berger
Tout encapé de velours noir.

Votre chapeau s'en est allé
Vers Paradou, vers Saint Rémy…
Le vent mistral s'en est coiffé
Pour compléter sa panoplie.

Il l'a de suite agrémenté

Un doux plumet de blanc nuage,

Du soleil pour l'enrubanner,

Trois perles d'eau pour le lustrage.

Vers la Camargue il s'est enfui,

Engaluré de votre peine,

Il a rejoint les Saintes-Maries

Là où l'attend l'Arlésienne.

Et à sa belle il offrira,

Votre chapeau comme trophée,

Mireille alors s'en parera,

Vous en serez ainsi flatté !

Me voilà donc la tête nue,
Tel au Cap d'Agde un naturiste,
Comme couvre-chef je n'ai plus
Qu'une toison… minimaliste.

Le bon berger s'en amusa.
Alors vexé je fis promesse
D'aller montrer aux Agathois,
Mon crâne nu et puis mes fesses.

Voilà comment pour un chapeau,
Qu'un jour le vent me déroba,
Je me fis prince des G.O.
Du camping-club *Sanho Nyba*...

Écris ta vie

La vie, tu sais, est comme un livre
Que l'on feuillette chaque jour.
Brassées de mots que l'on doit vivre
Qu'on les exècre ou les savoure.

Chaque page fait souvenir,
Une fois lue, et puis tournée.
Mais seule celle à revenir
A la raison d'avoir été.

Moi je voudrais ne plus écrire
Que quelques mots particuliers,
Que ton cœur sache retenir,
En un instant… mais à jamais.

Écrire, tu sais, c'est notre amour

Que toi est moi nous rédigeons.

C'est un chapitre, chaque jour,

Qu'à notre ouvrage nous ajoutons.

Notre grand livre allons l'écrire

Et chaque feuille allons tourner.

Hélas, les jours de l'avenir,

Ligne après ligne sont comptés.

Le Nom de la rose... crémière

De bon matin les mercredis,
Sur le marché de mon village,
Elle nous vendait sa Normandie,
Bidons de lait et puis fromages.

C'est une belle Marguerite,
Fleur d'innocence et pureté.
Mais depuis qu'elle était petite,
Rose elle rêvait, d'être appelée.

De Marguerite en Azalée,
De Violette en Primevère,
Aucun prénom ne peut aller,
À cet amour de fromagère.

Moi je suis prêt à l'effeuiller.

Mais Marguerite se veut Rose,

Alors des gants je vais chausser

Face aux épines qui s'y opposent.

Le sudiste est à l'ouest

Certes il est beau cet océan,

Ses grandes vagues irisées,

Sous un soleil évanescent,

Slalomant entre les ondées.

Mais il s'enfuit deux fois par jour,

À des horaires décalés,

Puis au galop fait son retour.

Drôle de mer… en pointillés !

Et quand au port pour accéder,

Par un dévers vertigineux,

À ton esquif y amarré,

Compte tes os et prie ton Dieu.

N'éloigne jamais ton ciré.

Si par bonheur une éclaircie,

Dans le ciel gris vient s'immiscer,

C'est un signal de proche pluie.

Amis brestois, viens t'en au sud.

Toiture céleste flamboyante,

Sans une ondée pour interlude

Et une mer toujours présente…

La bonne mer qui nous dorlote,

Où vit le loup et la baudroie.

Pour nous un bar c'est… *Chez Lolotte !*

Goûte à l'anis que l'on y boit.

Tu m'en veux de ma galéjade,
De n'être guère qu'un nigaud
N'appréciant que sa peuplade,
L'esprit obtus et les yeux clos.

Mais j'ai compris je dois me taire
Car comme a dit un vrai breton,
Il pleut des cordes en Finistère
Pour ne tomber que sur les cons.

Lors, ne voulant être rincé
Par une averse bigoudène,
Me voilà prêt à entonner
Basta pastis ! Viva chouchen !

Ô toi ma Méditerranée,

C'était un évident calcul

Lorsque j'ai dû te renier,

Ou le déluge ou les scrupules…

Mare Nostrum ne m'en veux pas,

Dans quinze jours je te reviens

Pour me jeter entre tes bras.

Il n'est que toi à qui je tiens.

Over the moonlight

Sorry my dear,

Je n'ai pas su

Comment te dire :

Je n'en peux plus.

Thank you Darling,

Mais le plumard

Devient un ring,

Et j'en ai marre.

Fin de partie

Pour tes désirs.

Bye Milady,

Je dois dormir …

De profundis

Sous le ciel zinzolin
De la fin de journée,
Au pays contadin
L'adelphie est groupée.

Sur la tombe de l'abave,
Rimailleur baladin,
Au profil de margrave,
Au cœur adamantin.

Et son panégyrique,
Par l'aîné des frangins,
A pour but magnifique
D'honoré son gingin.

Mais il fait un peu long,

Ne sachant contrôler,

Ni ses émotions

Ni sa garrulité.

Alors ses sœurs et frères,

Esgourdes harassées,

Veulent le voir se taire,

En un mot s'accoiser.

Aussi la benjamine,

En hommage posthume,

Au de cujus jaspine

Et lui taille un costume.

Des Français le doyen,

Mort plus que centenaire,

Tu ne laisseras rien

À nous tes légataires,

Ô toi l'aïeul souffrant

De ta métromanie

Toi qui te crûs, vivant,

Un auteur incompris,

Sache qu'à la lecture

De tes écris anthumes

Sans mentir, je le jure

Des haut-le-cœur nous eûmes.

Les zoïles en ton temps
Souvent t'ont éreinté.
Mais à aucun moment
Je ne les peux blâmer.

On nous disait enfants,
D'un ancêtre écrivain,
Tel Hugo, Maupassant…
Comme tu en fus loin !

Car aucun de tes livres
N'a trouvé ses lecteurs.
Tu n'eus guère à te suivre
Que ta mère et ta sœur.

Tu nous laisses des vers

Qui sont bons à jeter.

Je te laisse à tes vers,

Prêts à te becqueter.

TABLE

AVANT… LA SUITE. 7

Monte-à-Regret 14

Matin câlin 18

Vestige osculaire 22

Palimpseste 23

Quincaillerie 26

Éveil 28

Hall aux rimes 1 29

Sans qu'il y paresse 30

INTERMÈDE : Apostrophe 34

Marchand du temple… avec mes Saint-Suaire salutations 36

Blue note 38

Quand… 39

Hall aux rimes 2 42

Analepse 43

Grandes amours et petits commerces 46

Maux fléchés 50

Comme… 56

Divine arithmétique 58

Mandrakadabra 59

Gueule de bois 62

La Putain respect… able. 64

INTERMÈDE : Point d'interrogation 66

Apocalypse 67

Le Chopin de Montauban 72

Soirée sacrée 73

Fatalisme 80

Paradoxes guère épais 81

Paroles d'évangile… sur papier bible. 84

Ne jamais prophèter plus haut que son but. 88

Extérieur jour 90

Donnez-nous notre pain. 91

Dans ses yeux 94

Sniper 96

Jeunesse	98
Naupathie	99
Nuit blanche et matin gris	100
INTERMÈDE : Points de suspension	104
Naissance d'une vocation	105
Écris ta vie	108
Le Nom de la rose… crémière	110
Le sudiste est à l'ouest	112
Over the moonlight	116
De profundis	117